Liebe Bastelfreunde!

Der Winter schmückt unser Land
mit Eis und Schnee.
Alles ist weiß, alles glitzert.
Wir schmücken unser Haus mit
lustigen Figuren, die uns zeigen,
dass bald Weihnachten ist.
Zeit zum Basteln,
Zeit um Freude zu schenken,
Zeit für Wärme.

Ich wünsche Ihnen
diese Zeit.

4

Eiszapfen

Tipp: Eiszapfen wirken besonders frostig, wenn sie mit Glitzer bestreut werden.

Weihnachts-mann

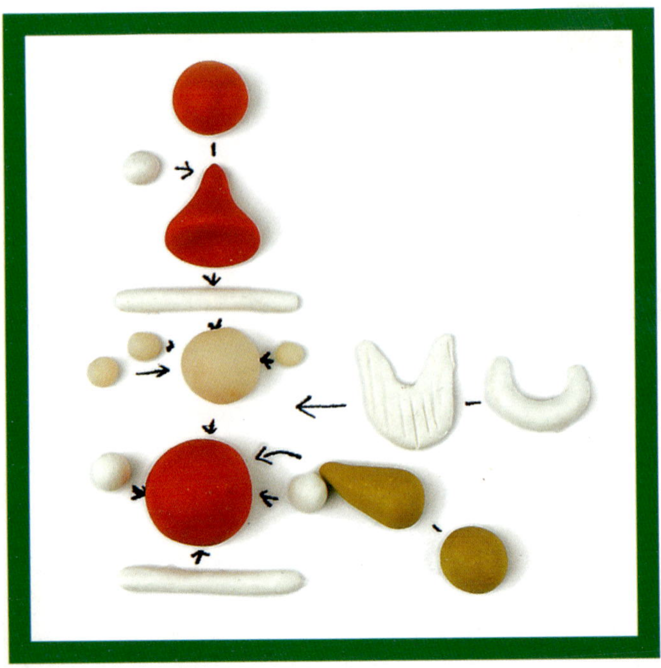

Modelliervorschlag ohne Anleitung

Engel auf Wolke

Wolke: Füllwatte wird mit Bouillondraht umwickelt und der Engel draufgeklebt.

Vogelhäuschen

Eisbär

Jack in the Box

Spirale: Dünner Messingdraht wird um einen Zahnstocher gewickelt, abgeschnitten und vom Stäbchen gezogen. Achtung: Vor dem Backen mit einarbeiten!

A
B
A

Vielseidig Verlag

und noch mehr zum Modellieren von Eike

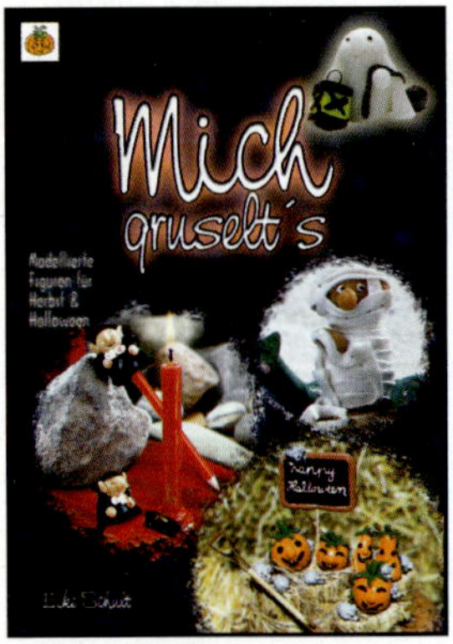

Mich gruselt's
Modellierte Figuren für
Herbst & Halloween
ISBN 3-935467-06-0
Best.Nr. 67060

Ausgestochen einfach
Basteln mit lufttrocknender
Tonmasse für das Vorschul-
und Grundschulalter
ISBN 3-935467-27-3
Best.Nr. 67273

Laubanger 19b 96052 Bamberg **Vielseidig Verlag** GmbH Tel. 0951/ 6 89 97 Fax. 0951/ 60 32 99